Mit moderner Pädagogik und neuen didaktischen Wegen schneller ans Ziel

www.Keyboardlernen.de

Impressum

All rights reserved - Copyright © 2010 - 2024 pp. by:	Peter Grosche
Autor, Konzept und didaktischer Aufbau:	Peter Grosche
Umschlaggestaltung, Satz, Grafik und Layout:	Peter Grosche
Herstellung und Verlag:	BoD – Books on Demand, Norderstedt
ISBN:	978-3-8391-7114-1

Die Deutsche Nationalbibliothek verzeichnet diese Publikation in der Deutschen Nationalbibliografie; detaillierte bibliografische Daten sind im Internet über http://dnb.dnb.de abrufbar.

Der richtige Weg zum Keyboard-Unterricht
Band 1

Für den Primarbereich

Liebe Kolleginnen und Kollegen.

Das Ihnen vorliegende Heft dient als Unterrichtsbegleitmaterial und soll Ihnen helfen, die einzelnen Unterrichtsstunden Ihres Keyboardunterrichts aufzubauen, vorzubereiten und durchzuführen.
Dies bezieht sich auf den Einzelunterricht, Gruppenunterricht und das Klassenmusizieren in den Primarstufen.

Dieses Lehrerbegleitheft dient aber auch als Lösungsbuch für alle Tests und auch Gehörbildungsübungen, welche in den Heften "Der erste Weg zum Keyboardspiel - Stufe 1 - 3" enthalten sind.
Es liegt nun an Ihnen liebe Kolleginnen und Kollegen, den Inhalt dieses Begleitmaterials in die Praxis umzusetzen und mit den richtigen Worten einen didaktisch gut durchkonzipierten Unterrichtsaufbau für Ihre Schüler vorzubereiten.

Und vergessen Sie nicht am Ende eines jeden Heftes dem Schüler/den Schülern die entsprechende Urkunde auszuhändigen.
Alle Urkunden-Vorlagen, wahlweise in Farbe oder Graustufen können Sie in unserem Shop für Musikschulen, Schulen, Volkshochschulen und Lehrer(innen) kostenfrei downloaden unter:

http://www.Keyboardlernen.de

Viel Freude und Erfolg in Ihrem Unterricht wünscht Ihnen

Peter Grosche

Inhalt Seite

Lehrhefte

Ein Musik- oder Keyboardunterricht erfordert eine gewisse Disziplin und auch Konsequenz.

Auch wenn es sich evtl. ein wenig hart anhört, so kennzeichnet es doch gewisse Bestandteile für den erfolgreichen Lehrverlauf.

Wir meinen hiermit nicht die durch "Lehrerautorität" aufgezwungene Disziplin, sondern die, welche ein Schüler sich selbst auferlegt und freiwillig ist, natürlich und hervorgerufen durch ein ständig wachsendes Interesse an der Sache.

Mit Interesse, Freude und Lob lernt jeder leichter.

In dem Moment, wenn beide - nämlich Lehrer und Schüler - Bezugspunkte aufspüren, entsteht eine interessante Spannung, eine sogenannte Lernlust-Motivation. Diese soll den erfolgreichen Lernprozess ständig begleiten.

Das gelingt Ihnen aber nur, wenn Sie in der Lage sind, sich in die jeweils aktuelle Situation des Schülers hineinzudenken.

Denken Sie gerade im Gruppenunterricht besonders daran, dass jeder Schüler verschieden ist, mit völlig individuellen Veranlagungen und Fähigkeiten. Es ist Ihre Aufgabe dieses zu respektieren und zu fördern.

Überall dort, wo Unterrichtsprozesse stattfinden, begegnen sich Lehrkräfte und Schüler.

Analysiert man das Phänomen "Unterricht", begegnet man den 6 folgenden bekannten Begriffen:

1. Wozu wird gelehrt > **Das Lehrziel**

2. Was wird gelehrt > **Der Lehrstoff**

3. Wie wird gelehrt > **Die Lehrmethodik**

4. Wem wird gelehrt > **Die Struktur der Schüler**

5. Wobei wird gelehrt > **Die Soziostruktur**

6. Womit wird gelehrt > **Das Medium**

Zwei Entwicklungsphasen wechseln sich regelmäßig ab:

1. Der Unterricht / die Unterrichtsstunden

2. Das Selbststudium - die Nacharbeit des Schülers zu Hause

Beide Phasen sind jeweils durch Ausgangs- und Zielposition eingeschränkt bzw. stark begrenzt. Sie können als Lehrer nur im Unterricht unmittelbar Einfluss nehmen.

Der Schüler zu Hause erhält aber noch den länger anhaltenden Einfluss durch seine Erinnerungen an den Unterrichtslehrstoff, eine evtl. ausführliche Führung eines Aufgabenheftes, sowie durch das Zusammenarbeiten der Lehrkraft mit den Eltern des Schülers.

Genereller Aufbau und Ablauf einer Unterrichtsstunde | Globales |

Eine Keyboard-Unterrichtsstunde lässt sich vom zeitlichen Ablauf gesehen in 4 Bereiche gliedern:

1.	**1/1**	Allgemeine Kontaktaufnahme - Start
	1/2	Erzeugen der Startmotivation und der Spielmotivation
2.	**2/1**	Lernzielkontrolle
	2/2	Üben...... aber korrektiv
	2/3	Erarbeitung von Kurzlernzielen
3.	**3/1**	Neue Lehrstoffvermittlung
	3/2	Lernzielbestimmung für die aktuelle Stunde
	3/3	Methodische Übungsanleitungen
4.	**4/1**	Wiederholung der Aufgabenstellungen / Zusammenfassung
	4/2	Motivation zur Lust am Üben

Unter allgemeiner Kontaktaufnahme verstehen wir die aktuelle Einbeziehung der beteiligten Schüler. Es soll eine motivierende Kommunikation als "Start" aufgebaut werden.
Das Erzeugen einer Anfangsmotivation soll helfen, den/die Schüler zu bewegen, sich innerlich auf das Instrument, das Spielen, den Klang und das jeweilige Lied zu konzentrieren.
Sie können als Lehrkraft durch geeignete Fragen und auch hier und da durch entsprechende

Hinweise auf die Situation fördernd einwirken. Der Schüler wird so in der Regel "aufgewärmt" und bekommt Lust zur Teilnahme am Unterricht und Lust zum Spielen.

Die Lernzielkontrolle inkl. der Beurteilung der vorgespielten Lieder fangen Sie natürlich mit Lob und Bestätigung des Richtigen an. Damit erreichen Sie eine weitere Motivationssituation.

Allerdings dürfen Sie auch Fehler, sowie die Schwächen des Schülers "nicht einfach unter den Tisch fallen lassen".
Diese Mitteilung bzw. Darstellung sollten Sie, entsprechend der sachlichen Wichtigkeit unter Berücksichtigung der Zumutbarkeit und der Sensibilität des jeweiligen Schülers, aufbauen.

Hat der Schüler das Lernziel der Woche überhaupt nicht erreicht, so müssen oder sollten Sie zusammen mit dem Schüler den Grund hierfür suchen.

Liegt die Ursache nicht in den Äußerlichkeiten, sprich: Zeitmangel, Probleme im sozialen Umfeld des Schülers, Schulstress etc., sondern die Fehler sind sachlich begründet oder es sind Spielschwierigkeiten, so sollten Sie mit dem Schüler durch Üben diese Schwierigkeit beseitigen.

Sollte der Schüler aufgrund seiner Lernreife diesen Schritt noch nicht zulassen, verschieben Sie ihn einfach auf einen späteren Zeitpunkt in der Unterrichtsstunde.

Neuen Lehrstoff sollten Sie daheim zunächst sachgerecht und der Situation angepasst vor- und aufbereiten. Erst hiernach bieten Sie diesen den Schülern in der kommenden Stunde an.
Der Schüler sollte aufgrund Ihrer Vorbereitung in der Lage sein, die Strukturen der zu erarbeitenden Stücke und deren Zusammenhänge zu verstehen.

Neuer Lehrstoff enthält immer komplexe neue Anteile, die dem Schüler unbekannt sind. Hier ist es wichtig, dass Sie als Lehrkraft wissen, wie der Schüler durch den Transfer von Wissen und Können gefördert werden kann.

Je einfacher und klarer der neue Lehrstoff und die damit verbundene Aufgabenstellung vom Schüler angenommen und erfasst wird, desto wirksamer wird auch der Umsetzungsprozess erfolgen.

Abhängig von der aktuellen Selbständigkeit eines Schülers und dessen Aufnahmefähigkeit und Willen zur Mitarbeit können Sie individuell einen detaillierten Übungsaufbau- und plan entwerfen.
Sie sollten aber in der Lage sein diesen auch zu verändern, wenn der Moment im Unterricht es erforderlich macht.

Sind Sie in der Lage spieltechnische Probleme zu definieren und gemeinsam mit dem Schüler diese durch Üben zu beseitigen, überschreitet der Schüler in diesem Moment eine Schwelle, welche damit die Lust am Lernen unmittelbar steigern kann.

Fassen Sie eine evtl. Wiederholung der Aufgabenstellung auf das Wesentliche zusammen und formulieren Sie dies im Bedarfsfall auch im Aufgabenheft des Schülers.
Hiermit erreichen Sie in der Regel, dass der Schüler eine Ausgangsposition erhält, die in Verbindung mit Stoffkontrolle und einer forcierten selbständigen Arbeitsphase eine neue Zielposition aufweist.

Geben Sie bei korrektivem Eingreifen in der gemeinsamen Übungssituation Lösungsansätze an den Schüler weiter. Nichts ist schlimmer als die sogenannten "Schweigeminuten", in denen der Schüler denkt und denkt aber nicht zum Ziel kommt, weil er Sie nicht verstanden hat oder er den Komplex Ihrer Vermittlung von Lösungsansätzen nicht nachvollziehen kann.

Geben Sie Ihren Schülern das Gefühl, dass Sie sich wirklich gern mit ihnen auseinandersetzen und befassen und dass Ihnen sehr an den Fortschritten der Schüler liegt. Sie bauen Vertrauen auf, die Schüler werden sich darauf freuen, mit Ihnen gemeinsam eine Aufgabe zu lösen.
Die Schüler werden somit durch Sie motiviert auf den Weg des selbständigen Übens gebracht.

Im Instrumentalunterricht kann die Informationsvermittlung durch das Vorspielen wie auch durch das Beschreiben erfolgen. Eine theoretische Wissensvermittlung sollte aber immer durch die Praxis untermauert werden. Vorgespielte Beispiele erreichen oft das Ohr des Schülers schneller.

Nehmen Sie - ohne Ihre Überlegenheit zu zeigen - eine methodische Aufbereitung und logische und sinnvolle Aufteilung des Unterrichtsstoffes vor.

Ein wichtiger Punkt ist, besonders bei fortgeschrittenen Schülern, die Liedgut- und Literaturauswahl.
Insofern haben wir bei der Zusammenstellung der Arbeits- und Übungsabschnitte in unseren Lehrheften besonders Rücksicht genommen auf die einzelnen möglichen Entwicklungsstufen eines Schülers.

Hierbei wurden die Lernabschnitte kurz und effektiv gestaltet um Ihnen viel Zeit und Freiraum für die Lernzielkontrolle einzuräumen.

Die Kontrolle der Lernergebnisse hat eine wichtige und entscheidende Funktion in jeder Entwicklungsphase des Schülers. Nur wenn Sie gemeinsam mit dem Schüler die Fehler und Schwächen erkennen, gibt es die Chance und den Ansatz zur Verbesserung.

Bei gravierenden Fehlern oder Schwächen, die sich in mehreren Unterrichtsstunden nicht verbessern lassen sollten Sie - wenn die Ursache auch im sozialen Umfeld des Schülers liegen kann - die Eltern, falls möglich, in die Situation mit einbeziehen.

In einem Gespräch <u>ohne Beisein des Schülers</u> sollten Sie diese Thematik vorsichtig ansprechen und feinfühlig die evtl. Schwächen des Schülers ansprechen.

Fragen Sie nach evtl. Schulproblemen oder evtl. Stresssituationen aus anderen Gründen. Vermitteln Sie den Eltern wie wichtig es ist, ein Lernziel mit Freude und ohne dauernden Druck zu erreichen.

Stellen Sie im Gespräch fest, dass die Eltern für das Gespräch nicht aufnahmefähig sind, "blocken" oder ein Desinteresse zeigen, lassen Sie das Gespräch auslaufen aber vermitteln Sie den Eltern, dass Sie als Lehrer mit dem Schüler Lösungsansätze finden werden.

Lassen Sie niemals die Eltern mit dem Gefühl zurück, ihr Kind sei nicht in der Lage die Situation zu meistern.

Sie haben als Lehrer immer einen Vorteil, den Sie weder gegenüber den Schülern noch deren Eltern "ausspielen" dürfen:

1. Ihr Bewusstsein wird nicht mit dem Handeln belastet, Sie können sich ja einfach auf das Anhören konzentrieren.

2. Sie sind im Instrumentalunterricht der Mensch mit der reiferen Erfahrung.

Setzen Sie diese Vorteile ein, konstruktiv mit Ihren Schülern zu arbeiten. Bauen Sie im Unterricht eine freundliche - und bei kleinen Kindern - liebevolle Arbeitssituation auf.

Sie sollten auch in der Lage sein einen Schüler im Alter von z. Bsp. 6 oder 7 Jahren mal in den Arm zu nehmen wenn er deprimiert ist, weil er sein Lernziel nicht erreicht hat.

Der Instrumentalunterricht beinhaltet neben der Vermittlung von elementaren Grundkenntnissen und Spieltechniken auch ein gemeinsames Musizieren.

Musizieren soll mit Freude und Spaß verbunden sein.

1. Sind Sie in der Lage Gefühle/Emotionen in Ihre Musik einzubringen, dann seien Sie auch in der Lage dieses musikalische Ausleben von Gefühlen Ihren Schülern zu vermitteln.

2. Es ist wichtig, den pädagogischen Maßstab richtig und sinnvoll anzusetzen. Verlieren Sie dabei niemals die Individualität des Schülers aus den Augen.

3. Setzen Sie Maßstäbe zu hoch, überfordern Sie augenblicklich den Schüler. Er spürt das und wird schnell resignieren.

4. Motivieren Sie ihn in kleinen Lernschritten, gehen Sie auf den jeweiligen Entwicklungsstand des Schülers ein.

In diesen Punkten unterscheiden sich häufig die guten von den "schlechten" Lehrern.

Gruppenunterricht - Die Steuerung dynamischer Prozesse | **Globales**

Hierbei ist es wichtig sich selbst zu kennen, Kenntnisse von Abwehrmodellen und deren Funktionen zu analysieren und die eigenen Reaktionen zu kontrollieren.

Nur somit wird es möglich sein ohne Vorurteile und ohne die eigene Wertung die Probleme anderer wahrzunehmen.

Sie sind im Gruppenunterricht der "Gruppenleiter". In dieser Funktion werden Sie innerhalb der Gruppe eher akzeptiert, wenn Sie nicht das Gefühl vermitteln für "Ihren eigenen Status" zu arbeiten, sondern sich daran interessiert zeigen, dass der Schüler in der Lage ist mit Ihrer Hilfe die Probleme selbst zu lösen.

1. Flexibilität:
Seien Sie flexibel in der Beurteilung von Hintergründen, wenn Sie Fähigkeiten und Verhaltensprozesse anderer beurteilen.

2. Seien Sie kommunikativ:
Benutzen Sie die Kombination von Sprache und Gestik.
Nutzen Sie diese Attribute um evtl. negative Verhaltensweisen zu vermeiden.

3. Setzen Sie gezielt eine gewisse Sprechdynamik ein:
laut - leise - schnell - langsam und den Wechsel von Betonungen.
Sie erreichen ein hohes Aufmerksamkeitspotential.

4. Vermitteln Sie Akzeptanz:
Helfen Sie bei der Problemlösung OHNE Bewertung aber mit Verständnis.
Vermitteln Sie das Gefühl, dass Sie Interesse an Ihrem Gegenüber haben.

5. Sprechen Sie die verschiedenen Sinne (Augen und Ohren) an:
Arbeiten Sie an der Tafel <u>und</u> am Instrument.

6. Gewährleisten Sie den Blickkontakt.
Dies beinhaltet Zuwendung und Aufmerksamkeit.
Im Bedarfsfall wechseln Sie öfters den Standplatz.

7. Vermeiden Sie im Gruppenunterricht **unbedingt** den Einsatz von Kopfhörern.
Lassen Sie alle Schüler gemeinsam partizipieren.
So erreichen Sie garantiert gruppendynamische Prozesse.

8. Sprechen Sie mehr Lob als Tadel aus. Vermitteln Sie das Gefühl Ihrer
Antwortbereitschaft im Unterricht.

9. Achten Sie auf Ihre Gestik, Ihre Handhaltung.
(Öffnen und Schließen der Hände)
Zuwendung des Körpers, Nicken mit dem Kopf, Lächeln etc.

Die Aufmerksamkeitszuwendung ist die Basis für das Verstärken der Erfolgserlebnisse.

Motivieren Sie die Lernenden immer wieder. Ignorieren Sie negative Verhaltensweisen.

Greifen Sie die positiven Ergebnisse auf und stellen Sie diese in den Vordergrund Ihres
Unterrichts.

Wir wünschen Ihnen viel Erfolg!

Globales · Informationen zur Stoffvermittlung unserer Lehrhefte

Die meisten Abschnitte in unseren Keyboardlehrheften sind selbsterklärend, eingeschränkt
also auch für den Autodidakten geeignet.

Lesen Sie die Textinhalte mit den Schülern gemeinsam oder besser noch: lesen Sie vor
und benutzen Sie Ihre eigene Wortwahl.

Untermauern Sie die einzelnen Abschnitte mit verschiedenen Beispielen. Fragen Sie
gezielt öfters nach um festzustellen, ob der Schüler auch alles verstanden hat.

1. Begrüßen Sie den/die Schüler und stellen Sie sich vor.
Lassen Sie im Gruppenunterricht auch jeden Schüler sich vorstellen.
Das erzeugt eine Vertrautheit beim gemeinsamen Arbeiten.

2. Erklären Sie die Bedienfunktionen der Instrumente. Weisen Sie auf die Unterschiede
bei den verschiedenen Instrumenten, bedingt durch Bauart und Hersteller, hin.

3. Erläutern Sie anhand kleiner Spielstücke die verschiedenen Instrumentalgruppen und deren Einsatzmöglichkeiten.

4. Sprechen Sie die automatischen Begleitfunktionen an.
Lassen Sie verschiedene Rhythmen laufen und schalten Sie die Begleitfunktionen hinzu.

Vermitteln Sie so dem Schüler wie leicht es ist, bei der Begleitung von einfachen Melodien, schnelle Erfolge zu erzielen.

Greifen Sie hierbei auf einfaches Liedgut zurück, bei welchem Sie nicht mehr als 3 bis 5 Akkorde in der Begleitung einsetzen.

5. Definieren Sie dynamisches Spielen.
Wählen Sie ein Instrument, mit welchem Sie einfach aber eindrucksvoll ein Lied leiser oder lauter vortragen können.

6. Wählen Sie ein Lied, welches jeder Schüler kennt.
Spielen Sie die Melodie an.
Wenn Sie gut vorbereitet sind, haben Sie auch den Text für das Lied.

Singen Sie das Lied mit den Schülern gemeinsam.
Spielen Sie mit einem passenden Instrument die Melodie dazu.

Ab der 2. oder 3. Strophe setzen Sie die Begleitautomatik ein und vermitteln durch eine klangvolle Liedbegleitung den Schülern die Freude am Musizieren.

7. Auch bei älteren Schülern oder Erwachsenen versuchen Sie mit Motivation diese zum Mitsingen zu bewegen.
Meist sind nur die Anfangshemmungen eines Schülers zu überwinden.

8. Das gemeinsame Musizieren mit der Lehrkraft ermöglicht eine aufgelockerte Unterrichtssituation.

Der Schüler wird aufmerksam, die Sinne (Sehen und Hören) sind auf Sie ausgerichtet und Sie werden feststellen, wie leicht der Schüler in den ersten Stunden Ihrer Lehrstoffvermittlung folgen wird.

Sie sind der "Animateur"

Elementarstoff:

- Erste Schritte, Tastatur, Liniensystem
- Das Notensystem,
- Noten und Pausen
- Taktsystem, Notenwerte, Zählübungen
- Artikulationen, Spielanweisungen
- Harmonisieren, Akkorde hören
- Melodien schreiben
- 20 Lieder, Tonumfang: c1 - a2
- 5 Akkorde spielen: C, G, G7, F, C7

Auszug aus dem Klappentext:

Mit neuen didaktischen Modellen werden Kinder ab einem Alter von etwa 6 Jahren in kleinen behutsamen Schritten an das Keyboardspielen herangeführt.
Die Lernmethodik hebt sich ab von dem "normalen", allgemein erhältlichen und gängigen, Unterrichtsmaterial.

Ein sicheres Spiel der rechten Hand in einem Tonumfang von c1 - a2 ermöglicht schon in der Stufe 1 ein umfangreiches Liedgut zu erarbeiten.

Neben der Vermittlung aller bekannten und wichtigen elementaren Grundkenntnisse wird prioritätenhaft Wert gelegt auf die Weiterentwicklung der Finger-Feinmotorik und auf eine ausgefeilte Gehörbildung.

Die Kinder werden am Ende dieses Heftes 20 Lieder spielen können (davon schon 16 mit Akkorden, Rhythmusgerät und Begleitautomatik) und auch eigene kleine Melodien schreiben.

Eine Tastenschablone zum Ausschneiden erleichtert den Einstieg und das Zurechtfinden auf der Tastatur.

Zahlreiche grafische Darstellungen unterstützen einen schnellen Lernprozess.

1. Erklären Sie die Funktion und Bedeutung der Finger.
   Geben Sie den Fingernamen Zahlen. Zeigen Sie jeden Finger und sprechen Sie die Zahlen. Lassen Sie den Schüler dieses nachsprechen und auch anzeigen.

2. Erklären Sie die in den Heften durch Fotos angezeigte richtige Handstellung.
   Lassen Sie den Schüler die Hand in der Grundstellung auf die Tastatur setzen (beginnend bei c1).
   Kontrollieren Sie die Handstellung und korrigieren Sie gegebenenfalls.

   Bei kleinen Kindern geben Sie ausreichend Hilfestellung zum "Fingersatz".
   Erarbeiten Sie die 5 Töne auf Imitationsbasis.
   Mal benutzen Sie die Fingerzahlen - versuchsweise auch schon mal die Notennamen C - G.
   Arbeiten Sie auf Zuruf. Singen Sie den gespielten Ton mit - mal mit Notennamen und mal mit der Fingerzahl. Lassen Sie den/die Schüler nachsingen.

3. Spielen Sie einzelne Töne vor und lassen Sie diese nachspielen.
   Erweitern Sie dies langsam auf 3 Töne und erreichen Sie das Ziel mit 5 Tönen.
   Vermeiden Sie hierbei komplizierte Tonfolgen.
   Arbeiten Sie logisch und für den Schüler leicht nachvollziehbar.

4. Lassen Sie dann einen einfachen Rhythmus mit Begleitautomatik laufen.
   Zum Beispiel einen einfachen 8-Beat auf Tempo 100 bpm.

   Singen und spielen Sie die Töne **C - D - E** rhythmisch exakt vor:
   C + D als Viertel Note, **E** als Halbe Note.
   Fordern Sie dann den/die Schüler auf dieses nachzuspielen und nachzusingen
   - aber mit Ihnen gemeinsam.

   Starten Sie mit C - D - **E**
   dann: D - E - **F**
   dann: E - F - **G**

   Hat es geklappt, dann wiederholen Sie das Ganze rückwärts. Erst wenn alle Schüler sicher sind erweitern Sie diese Übung mit kleinen "Sprüngen".

   C - E - **G** und G - E - **C** dann D - F - **G** und G - F - **D** usw.

   Hiernach können Sie den Aufbau komplizierter gestalten. Achten Sie aber immer darauf, dass auch das, was Sie vorsingen, mitgesungen wird.

Die Gehörbildung ist eine wichtige Grundlage für den Unterricht.

5.   Eine Variante kann sein:
Spielen Sie 5-Ton Melodien vor und lassen Sie diese nachsingen, wobei Sie in der Wiederholung mitspielen müssen.

Wechseln Sie regelmäßig beim Singen zwischen Fingerzahlen und Notennamen.

Vermeiden Sie hierbei aber ein Zusammenmischen von Zahlen und Notennamen. Dies würde den Schüler in seiner aktuellen Situation nur irritieren und unter Umständen verunsichern.

Es liegt an Ihnen, dem Schüler ein schnelles Erfolgserlebnis zu vermitteln.

Stufe 1   Kapitel 2

1.   Erklären Sie die Aufteilung der Tasten - weiße Tasten und schwarze Tasten in 2er und 3er Gruppen.
Lassen Sie jedes C auf der Keyboardtastatur finden.

2.   Arbeiten Sie die Übungen für das Fingerspielen auf den Tasten durch.

Erklären Sie vorher ausführlich das Notensystem - der Aufbau mit 5 Linien und 4 Zwischenräumen.
Gehen Sie an dieser Stelle noch nicht auf die dargestellte Ganze Note ein.

3.   Lassen Sie unbedingt den Schüler/die Schüler die Fingersätze beim Spielen mitsingen.

4.   Den Test Nummer 1 machen Sie mit allen Schülern gemeinsam im Unterricht und geben ihnen bei Bedarf Lösungsansätze.

1. Stellen Sie an einer Tafel (falls vorhanden) das unterschiedliche Aussehen der Noten dar. Erklären Sie Notenkopf und Notenhals.

   Lassen Sie die Schüler ebenfalls Noten malen. Erklären Sie hierbei die Bedeutung des Liniensystems noch einmal und achten Sie auf ein exaktes Notenmalen auf den Linien und in den Zwischenräumen.

2. Starten Sie mit den Notennamen C - D - E - F - G
   Singen und spielen Sie diese vor und lassen Sie sie nachspielen und nachsingen.

   Wenn alle Schüler sicher diese Noten spielen und singen entwickeln Sie ein Ratespiel für das Gehörtraining.

   a) Spielen Sie logische 2 Ton-"Melodien" vor und lassen Sie diese nachspielen.

   b) Steigern Sie das Spiel, in dem Sie Sprünge einbauen, zum Beispiel
   C - D - E - C oder **E - F - G - E**.

   c) Spielen Sie kleine 1-taktige oder 2-taktige Melodien vor und lassen Sie die Schüler diese zunächst nachsingen und dann nachspielen.

3. Erklären Sie den Violinschlüssel und dessen Bedeutung im Notensystem.

4. Gehen Sie auf die dargestellte geschichtliche Entwicklung (bezogen auf die Form) ein.

   Lassen Sie den Schüler den Notenschlüssel zunächst auf einem leeren Blatt Papier malen.
   Erst wenn er dies beherrscht soll er ihn in das Liniensystem einzeichnen.

5. Spielen Sie die Melodie auf Seite 11 unten im Unterrichtsheft vor. Spielen Sie jetzt schon einmal die Noten mit den richtigen Notenwerten ohne an dieser Stelle aber auf die Notenwerte besonders einzugehen.

   Bringen Sie damit lediglich das Klangverhalten von lang und kurz gespielten Noten ein.

   Lassen Sie die Schüler diese Melodie einüben mit den längeren und kürzeren Notenwerten.

1. Erklären Sie am Beispiel der Uhr die unterschiedlichen Notenlängen und Notenwerte.
   Am einfachsten ist es, wenn Sie eine große Küchenuhr im Unterrichtsraum haben und daran die Einheiten demonstrieren.

2. Vertiefen Sie die Erklärung Takte und Taktstriche und lassen Sie auf Seite 13 des Lehrheftes den Schüler mit dem Finger die Zählzeiten anzeigen.

   Achten Sie hierbei genau auf ein gleichmäßiges Zählen. Hiernach lassen Sie den/die Schüler einzeln die Übungen vorspielen und auch laut mitzählen.
   Es ist wichtig, dass dem Lernenden die Existenz von Einheiten und Zählzeiten vertraut wird und er sich das verinnerlichen kann.

   Auf Seite 14 gehen Sie noch einmal auf die Erklärung mit dem Apfel und die Aufteilung der Notenwerte ein.

3. Malen Sie an der Tafel einen langen Strich mit 4 Takteinheiten.
   Spielen Sie auf einem Ton die nachfolgenden Notenwerte vor und lassen Sie den Schüler das Gehörte in die Takte eintragen.

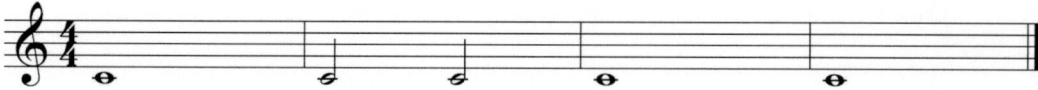

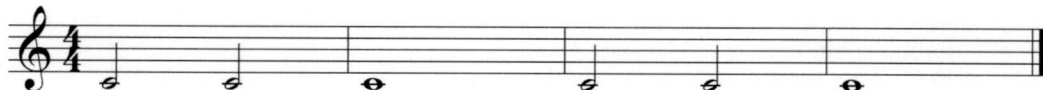

4. Weisen Sie auf die Bedeutung des Schlussstriches hin.

5. Gehen Sie mit den Schülern gemeinsam den Test Nr. 2 durch.

Test 2 auf Seite 15

Antwort zu 1:   **c d e f g**

Antwort zu 2:   **Man nennt ihn auch den G-Schlüssel**

Antwort zu 3:   **Ganze Note   4 Zählzeiten**
                  Halbe Note   2 Zählzeiten
                  Viertelnote   1 Zählzeit

Antwort zu 4:   a) **Taktstriche** b) **Schlussstrich**

Antwort zu 5:   Zählzeit je Takt: **1 2 3 4**

Kapitel 5   Stufe 1

1. Erarbeiten Sie jetzt die ersten drei Melodien auf den Seiten 16, 17 und 18. Achten Sie hierbei auf ein gleichmäßiges Mitzählen und auch Mitsingen der Notennamen. Bei Kinderliedern singen Sie die Texte mit den Kindern gemeinsam.

2. Spielen Sie die Lieder in kleineren Abschnitten vor und lassen Sie diese vom Schüler nachspielen. Erst bei Erreichen einer gewissen Grundsicherheit erarbeiten Sie gemeinsam größere Abschnitte.

3. Gehen Sie zum Abschluss noch einmal auf die Zusammenfassung des ersten Heftabschnittes ein und wiederholen Sie die 3 Lernabschnitte/ziele.

Kapitel 6   Stufe 1

1. Die Akkorde C und G.
Bitte arbeiten Sie sorgfältig die Erklärung für die Akkorde auf Seite 20 durch.

Bedenken Sie, dass einige Schüler unterschiedlich starke feinmotorische Schwierigkeiten haben können.

Eine kleine Hilfe kann sein:

Fordern Sie die Schüler auf, die **linke** Hand auf den oberen Teil des Keyboards zu legen, z. Bsp. auf die Lautsprecherabdeckung.
Machen Sie Ihnen die folgenden Übungen vor und lassen Sie die Schüler es nachmachen.
Alle Finger befinden sich leicht gekrümmt auf der Lautsprecherabdeckung.

Zunächst wird der Daumen mehrfach auf und ab bewegt. Danach alle anderen Finger. Dann Daumen und Mittelfinger synchron, danach Zeige- und Ringfinger und zuletzt Mittel- und Kleiner Finger.
Achten Sie aber darauf, dass die Finger, die nicht eingesetzt werden, in Ruhestellung auf der Lautsprecherabdeckung liegen bleiben.
Sie werden feststellen, wie kompliziert diese Fingerunabhängigkeitsübung sein kann.
Machen Sie diese Übung nicht länger als 30 - 45 Sekunden mit jedem Schüler.
Das wiederholen Sie einige Male in den darauf folgen Stunden und der Schüler lernt seine Finger zu trainieren.

2. Lassen Sie die Schüler die einzelnen Töne der Akkorde C und G nachsingen und dann mit den Fingern auch spielen.
Hiernach üben Sie die Akkorde als Vollgriff im Wechsel und auf Zuruf.

3. In der darauffolgenden Stunde starten Sie mit der Erarbeitung des Liedgutes.
Im Gruppenunterricht teilen Sie ab und an die Schüler auf in 2 Gruppen.
Die eine Gruppe spielt die Melodie - die andere die Begleitakkorde - und dann umgekehrt.
Stellen Sie fest, dass das Greifen der Akkorde sicherer geworden ist, lassen Sie zu den Liedern einen ruhigen einfachen Rhythmus auf dem Lehrerkeyboard mitlaufen (inkl. Begleitautomatik) und "erzwingen" Sie somit das zählgenaue Umgreifen der Akkorde in der Liedbegleitung.

4. Am Ende des 6. Kapitels finden Sie Übungen für die Gehörbildung. Die Arbeitsweise ist einfach und Sie gehen auch in den später folgenden Gehörbildungsübungen immer nach dem gleichen Schema vor.

a) Spielen oder klatschen Sie einen zweitaktigen Rhythmus mit den vorgegebenen Notenwerten vor und lassen Sie die 2 Takte nachklatschen und eintragen.

b) Spielen Sie mehrfach die vorgegebenen Akkorde vor. Lassen Sie die Schüler das Gehörte erraten und hiernach spielen Sie einen festen Ablauf vor und lassen diesen eintragen.

c) Lassen Sie die Schüler die zu der Melodie passenden Akkorde finden.

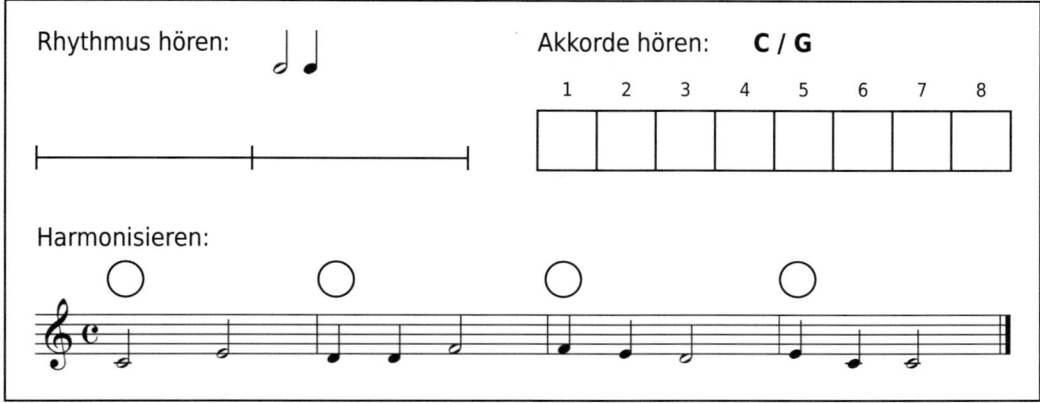

Um es den Schülern leichter nachvollziehbar zu machen, empfehlen wir (bitte Reihenfolge einhalten):

Rhythmus hören: 1. Takt: 1 Halbe Note - 2 Viertel Noten

2. Takt: 2 Viertel Noten - 1 Halbe Note

Akkorde hören:
Reihenfolge:

1	2	3	4	5	6	7	8
C	G	C	G	G	C	G	C

Harmonisieren: 1. Takt: **C** Akkord
2. Takt: **G** Akkord
3. Takt: **G** Akkord
4. Takt: **C** Akkord

Kapitel 7   Stufe 1

1.   Der Akkord **G7**
Bitte arbeiten Sie sorgfältig die erste Erklärungsseite für diesen Akkord durch. Bedenken Sie, dass einige Schüler unterschiedlich starke feinmotorische Schwierigkeiten haben können.

Benutzen Sie die Anleitung aus dem Kapitel 6 und erarbeiten Sie dann in ca. 3 Stunden das in dem Kapitel dargestellte Liedgut.

2. Der Umzug in die 2-gestrichene Oktave.
Erklären Sie mit Ihren Worten unsere in den Heften gedruckten Infos zur Oktav-Veränderung. Weisen Sie auf die Wiederholung der 5 Töne C - D - E - F - G in allen Oktavbereichen hin.

Zeichnen Sie an der Tafel die 5 Noten des ein- und zweigestrichenen Bereiches an. Singen Sie die Noten vor und lassen Sie die Schüler diese nachsingen.

Eine Verinnerlichung erfolgt am einfachsten über die Kombination von visueller Wahrnehmung und dem Gehör.

Jetzt lassen Sie die Schüler noch einmal die 5 Töne im eingestrichenen Bereich spielen und fordern Sie sie dann auf die Hand zu verschieben, um dann die Töne im zweigestrichenen Bereich zu spielen.

Hiernach geben Sie unterschiedliche 5-Ton-Melodien vor und lassen diese dann nachspielen, mal im eingestrichenen Bereich mal im zweigestrichenen Bereich.

3. Erarbeiten Sie das Lied "Mary hat ein kleines Schaf".
Lassen Sie die Schüler hierbei auch die Noten mit: c2 - d2 - e2 - f2 - g2 benennen. Der Unterschied zu *1 und *2 sollte sich mittlerweile eingeprägt haben.

4. In einer der nächsten Stunden arbeiten Sie gemeinsam den Test 3 durch. Denken Sie immer an die Lernzielkontrolle aber in Verbindung mit einer Lernmotivation. Vergessen Sie nicht das Loben. Kritik darf nur konstruktiv sein.

Test 3 auf Seite 27

Antwort zu 1:	Wiederholungszeichen
Antwort zu 2:	G7 C G
Antwort zu 3:	1. Reihe: c1 d1 e1 f1 g1
	2. Reihe c2 d2 e2 f2 g2
Rhythmus hören:	1. Takt: 2 Viertelnoten - 1 Halbe Note
	2. Takt: 1 Ganze Note
	3. Takt: 2 Halbe Noten
Akkorde hören:	C G G7 C G G7 C G C G7

1. Erarbeiten Sie den 3/4-Takt wie in unserem Heft auf den Seiten 29 und 30 vorgegeben. Gehen Sie anhand der Beispiele auf die punktierten Noten ein. Benutzen Sie die Tafel zur Visualisierung. Es ist wesentlich einfacher als "nur" eine Textvorgabe aus dem Lehrheft zu "besprechen".

2. Erarbeiten Sie den 3/4 Takt in Verbindung mit den Pausenwerten anhand des Liedgutes im Lehrheft.
Bei dem Lied Kuckuck heben Sie in den Pausen die Hand **sichtbar** ein wenig von der Tastatur ab, damit dem Schüler auch die Pause anschaulich verdeutlicht wird.

3. Generell gilt natürlich:
Bei neuen Liedern sollten Sie als Lehrer immer zunächst das Lied vorstellen bzw. vorspielen. Nur so kann der Schüler sich leichter auf den neuen Stoff einstellen.

1. Erklären Sie die Bedeutung des Alternativzeichens für den 4-Viertel-Takt und dessen ab sofort permanent eingesetzte Darstellung.

2. Die Erarbeitung des Liedes "London Bridge":
Gehen Sie ein wenig auf unseren Info-Text zu dem Lied ein und üben Sie zunächst die letzten 2 Takte des Liedes mit dem Schüler ein.

So gewöhnt er sich an die Rückführung der Finger in die "Grundstellung".

Hiernach erarbeiten Sie das Lied und teilen am Anfang im Gruppenunterricht die Schüler wieder in 2 Gruppen auf. Eine Gruppe spielt die Melodie und die andere die Akkorde - dann umgekehrt.

3. Nachtrag:
Motivieren und animieren Sie Ihre Schüler, auch zu Hause Rhythmusgerät und Begleitautomatik mit einzusetzen.

Ein gutes Hör- und Klangerlebnis führt schneller zum Erfolg.

4. Vermitteln Sie die Bedeutung des Auftaktes anhand des Liedes "Mein Hut der hat 3 Ecken".

Veranschaulichen Sie "hörbar" (also spielend) die Funktion des Haltebogens.

5. Erklären Sie den Schülern den Begriff "Häuschen" = Klammern und erarbeiten Sie diese Funktion mit dem Lied "Lang, lang ist´s her".

<u>Achtung:</u>
Das Übungspensum für eine Woche sollte in der Anfangsphase nicht mehr als ein Lied umfassen.

Die Übungszeit ist eine einfache Formel:
Für Stufe 1 ca. 10 Minuten täglich. Für jede weitere Stufe rechnen Sie 5 Min. hinzu, so dass ein Schüler in Stufe 6 somit schon mal 30 Min. Übungszeit am Tag investieren sollte.

Dies ist natürlich nur eine Rahmenvorgabe und richtet sich nach dem jeweiligen Leistungs- und Entwicklungsstand des Schülers.

6. Die Erarbeitung des Liedes "Can Can":
Wiederholen Sie noch einmal die Bedeutung der Noten im ein- und zweigestrichenen Bereich.

Erklären Sie die C-Dur Tonleiter und lassen Sie den Schüler diese auf- und abwärts mit dem richtigen Fingersatz spielen.

Hiernach erarbeiten Sie die Schwerpunkte des Liedes wie unmittelbar über dem Lied von uns dargestellt.

7. Arbeiten Sie den Test Nr. 4 mit den Schülern durch.
Den Bereich Gehörbildung "Akkorde hören" erarbeiten Sie wie bereits vorher beschrieben.

Nr. 5 des Tests "Notennamen schreiben":
Sie sollten in den vorausgegangenen Stunden bereits zahlreiche Notenlese- und Schreibübungen an der Tafel vorgenommen haben.

Test 4 auf Seite 37

Antwort zu 1:   Der Punkt hinter einer Note **verlängert** diese um die **Hälfte** ihres Wertes.

Antwort zu 2:   Ganze-, Halbe- und Viertelpause einzeichnen

Antwort zu 3:   Der Auftakt ist ein **unvollständiger** Takt am Anfang eines Stückes, welcher sich mit dem Schlusstakt ergänzt.

Antwort zu 4:   Das ist ein **Haltebogen** und er verbindet 2 Noten **gleicher** Tonhöhe.

Antwort zu 5:   **c1   d1   e1   f1   g1   a1   h1   c2   d2   e2   f2   g2**

Akkorde hören: **G   G7   C   G   C   G7   C   G   G7   C**

Kapitel 10	Stufe 1

1.   Erarbeiten Sie und erklären Sie sehr sorgfältig die Akkorde F und C7 und deren Einsatz.
Vermeiden Sie das evtl. Erklären von Kadenzen. Sie würden Ihre Schüler überfordern. Dieses Thema wird später in einem anderen Heft behandelt.

Die Spieltechnik der beiden Akkorde erarbeiten Sie wie auch vorher schon beschrieben bei den Akkorden C, G und G7.

Sobald Sie merken, dass die Schüler die Akkorde sicher greifen können, lassen Sie sie die 5 Akkorde in unlogischer Reihenfolge auf Zuruf spielen.

Geben Sie ihnen Zeit "die Finger zu sortieren".
Der Wechsel von C nach C7 ist leicht, da Zeigefinger und Daumen sich schon in der richtigen Position befinden.

Auch ein Wechsel von G7 nach F ist relativ einfach, da der Daumen als Stütz- und Sicherheitsfunktion eingesetzt wird und "nur" die Finger 5 und 3 gegen die Finger 4 und 2 ausgetauscht werden.

Am schwersten wird den Schülern der Wechsel von G nach F und zurück fallen.

Wählen Sie also sorgfältig die Kombinationen für das Nachspielen aus.

2. Anhand der Lieder "When the saints go marching in" und "Far away" erarbeiten Sie die Begleitung mit den neuen Akkorden.
Vergessen Sie nicht auf den neuen Ton "**a2**" hinzuweisen.

3. Benutzen Sie unsere Erklärungen und Grafiken zur Darstellung der Achtelnoten, Pausen und punktierten Viertelnoten.
Übertragen Sie verschiedene Beispiele an die Tafel und lassen Sie die Schüler zählen und/oder mitzählen.

Die Rechtecke oder langen Balken unter den Noten sind eine wesentliche Hilfe, um die unterschiedlichen Notenlängen zu verdeutlichen.

4. Gehen Sie bei der Erarbeitung des Liedes "Michael row" sehr umsichtig vor.
Spielen Sie das Lied einmal komplett vor und erarbeiten Sie es dann in kleinen Abschnitten.

Der Schüler ist bei umfangreicheren oder längeren Liedern schnell verunsichert und befürchtet mehr Übungszeit daheim "opfern" zu müssen.

Erklären Sie ihm: "Kannst Du die ersten 2 Reihen im eingestrichenen Bereich brauchst Du das Gelernte nur auf den zweigestrichenen Bereich übertragen".
Somit "reduziert" sich für ihn die Aufgabenstellung im Prinzip auf nur "2 Reihen".

5. Spielen Sie den Schülern mehrere Stücke vor, welche Staccato und Legato beinhalten.
Verdeutlichen Sie diese unterschiedlichen Vortragsweisen anhand einfacher Lieder. Hiernach erarbeiten Sie dann das Lied "Das Rennen".

6. Der Test Nr. 5 ist der letzte Test in der Stufe 1.
Nehmen Sie sich für die Bewältigung der Aufgaben ca. 30 Min. Zeit.
Besonders bei kleinen Kindern und jüngeren Schülern müssen Sie bei Bedarf evtl. mehr Zeit für Hilfestellungen investieren.

Bereiten Sie alle Abschnitte "Gehörbildung - Akkorde hören" zu Hause vor.

Auch in Test Nr. 5 sollten Sie vorab ein Testhören durchführen und erst dann eine einfache Kombination einer logischen - gut nachvollziehbaren - Akkordfolge vorspielen. Bei Unsicherheit eines Schülers spielen Sie die Akkordfolge mehrfach hintereinander vor.

Test 5 auf Seite 45

Antwort zu 1:	Die Finger: **3**, **2** und **1** drücken die Tasten: **be**, **c** und **e**
Antwort zu 2:	Bitte die eingezeichneten Noten und Pausen überprüfen
Antwort zu 3:	**3** Achtelnoten entsprechen dem Wert einer punktierten Viertelnote.
Antwort zu 4:	Dies gilt ab der **3.** Notenlinie im Notenliniensystem.
Antwort zu 5:	Reihe 1: C G G7 C Reihe 2: C7 F G7 C
Akkorde hören:	C G G7 C C7 F G C G7 C

Kapitel 11   Stufe 1

1. Erklären Sie noch einmal detailliert den Einsatz des Rhythmusgerätes und der Begleitautomatik.
Gehen Sie mit den Schülern noch einmal gemeinsam die Lieder durch und finden Sie "zusammen" den jeweils zum Lied angegebenen Rhythmus.
Schildern Sie noch einmal die Bedeutung der ACC. - oder ACMP. - Taste. Spielen Sie den Schülern die Unterschiede vor. Wählen Sie hierzu ein bereits erarbeitetes Lied und tragen Sie es einmal mit laufendem Rhythmusgerät und danach mit eingeschalteter Begleitautomatik vor.

2. Erarbeiten Sie bei dem Lied "Leuchte, leuchte kleiner Stern" zunächst die Takte mit den Achtelnoten und achten Sie auf das Einhalten des Fingersatzes.
Üben Sie dann gezielt den Fingerwechsel auf einer Taste.

Dies betrifft die Taktübergänge:
2 nach 3, **10 nach 11**, **14 nach 15** und **22 nach 23**.

Teilen Sie dann das Lied in 2 Gruppen auf. Die eine Gruppe spielt die Melodie, die andere die Akkorde, danach tauschen Sie die Gruppen aus. Sie lassen auf dem Lehrerkeyboard den angegebenen Rhythmus im Übungstempo mitlaufen.

3. Erarbeiten Sie in ähnlich kleinen Abschnitten das Lied "Coming Home".

Elementarstoff:

- Aufbau der Tonleiter, Ganz- und Halbtonschritte
- Intervalle, Synkopen
- Akzente, Fermate, Ritardando
- Fingerkraftübungen
- Definition Dur und Moll, Leit- und Grundton
- Moll (natürlich, harmonisch, melodisch)
- Versetzungszeichen Kreuz u. Be, Auflösungszeichen
- Musikalische Anweisungen:
  Coda, Dal Segno, D.C. al Fine etc.
- Dynamische Grundstufen
- Veränderungen der Tonstärke
- 5 neue Akkorde: Dm, Am, D7, E7, A7

Auszug aus dem Klappentext:

Mit neuen didaktischen Modellen werden Kinder ab einem Alter von etwa 7 oder 8 Jahren in behutsamen Schritten an das Keyboardspielen herangeführt.

Die Stufe 2 baut unmittelbar auf der Stufe 1 auf.

Durch die Erweiterung des Tonumfanges bis zu d3 wird es möglich, ein umfangreiches Liedgut zu erarbeiten.

Neben der Vermittlung aller bekannten und wichtigen elementaren Grundkenntnisse wird Wert gelegt auf eine ausgefeilte Gehörbildung und ein bis zu 4-stimmiges Ensemblespiel.

Die Kinder lernen 16 Lieder und begleiten diese mit einer Auswahl aus 10 Akkorden. Vorgegebene Melodiefragmente werden ergänzt und harmonisiert.

Eigene kleine Lieder werden komponiert.

Zu den einzelnen Abschnitten in der Stufe 2 geben wir nur noch an wichtigen Stellen hier pädagogische Anleitungen weiter.
Die Art und Weise der Erarbeitung unseres Lehrstoffes haben Sie nun ausführlich in der Anleitung für Stufe 1 kennengelernt. Die Intensität der Arbeitsweise ist hier ähnlich.

1.   Wiederholen Sie die ersten 5 Akkorde wie dargestellt. Lassen Sie die Schüler aus der Erinnerung heraus die letzten beiden Lieder der Stufe **1** spielen.

2.   Erarbeiten Sie das Tonleiterspiel über **2** Oktaven. Nehmen Sie sich Zeit bei der Erklärung des Fingerwechsels innerhalb einer Oktave und beim Oktavübergang. Lassen Sie die Schüler die Tonleitern spielen - erst mit jeder Hand einzeln und dann mit beiden Händen zusammen.
Ausgangspunkt ist hierbei das c1, auf welchem mit beiden Daumen gestartet wird.
Die rechte Hand spielt also dann 2 Oktaven nach oben und die linke Hand 2 Oktaven nach unten. Damit ist ein zeitgleicher Fingerwechsel beider Hände gewährleistet.

3.   Erklären Sie anhand unserer Beispiele auf den Seiten 5 und 6 den Aufbau der Tonleiter mit Ganz- und Halbtonschritten. Vermeiden Sie unbedingt Bezeichnungen wie "Ganze- und Halbe Töne". Der Schüler soll sich an die richtigen Bezeichnungen gewöhnen.

4.   Erarbeiten Sie anhand unserer Erklärungen auf Seite 7 und 8 - unter Einbeziehung des Liedes" Kids are playing" - die Bedeutung und den Einsatz der Synkope. Nehmen Sie sich hier auch ausreichend Zeit für die Erklärung eines Schlagzeugs. Schalten Sie Ihr Keyboard um auf "Manual-Drums" und erklären Sie die einzelnen Schlagzeugteile unter Zuhilfenahme der Drum-Sounds auf Ihrem Keyboard.

Kapitel 2   **Stufe 2**

1.   Vermitteln Sie die Begriffe "Tonabstände und Intervalle". Die Erklärungen in unseren Heften werden Ihnen hierbei helfen dieses Thema abzuhandeln.

2.   Bereiten Sie sich zuhause schon auf das Ensemblespiel des Liedes "Bruder Jakob" vor. Bedenken Sie bei der Stimmenverteilung den Einsatz unterschiedlicher Klangregistrierungen aller Keyboards.

Den Schülern soll ein langanhaltendes Ensemble-Klangerlebnis vermittelt werden um somit auch die Gruppenmotivation zu fördern.

Singen Sie am besten zunächst das Lied mit Ihren Schülern im Kanon. Das lässt sich auch sehr gut im Einzelunterricht machen.

3.   Erarbeiten Sie in einer weiteren Stunde den Test Nr. 1 auf Seite 11. Vergessen Sie nicht den jüngeren Kindern die erforderlichen Hilfestellungen zu geben.

Nichts ist schlimmer als eine Situation wie bei einem Schultest mit fester Zeitvorgabe.

Der Test dient nur einer gemeinsamen Lernzielkontrolle und bedarf keiner Bewertung.

Test 1 auf Seite 11

Antwort zu 1:   Die Tonleiter ist aufgeteilt in **Ganze** Tonschritte und **Halbe** Tonschritte.

Zwischen dem 3. und 4. Ton und dem **7.** und **8.** Ton liegt ein **Halber** Tonschritt.

Antwort zu 2:   Mit einer Synkope wird der **Schwerpunkt** auf eine andere Note verschoben.

Antwort zu 3:

C nach **C**	**Prime**
C nach **D**	**Sekunde**
C nach **E**	**Terz**
C nach **F**	**Quarte**
C nach **G**	**Quinte**
C nach **A**	**Sexte**
C nach **H**	**Septime**
C nach **C**	**Oktave**

Akkorde hören: **C7   F   G7   C   G   C   F   G   G7   C**

1.   Definieren Sie Dur und Moll nach den Erklärungen in unserem Lehrheft auf Seite 12.

Gehen Sie auf die Begriffe "Gefühle" und "Stimmungen" ausführlich (insbesondere bei jungen Schülern) ein.

Spielen Sie den Schülern verschiedene kleine Melodien vor, die mal mit Moll-Akkorden und mal mit Dur-Akkorden begleitet werden.

a)   Verdeutlichen Sie die Parallelen **C-Dur > a-moll** und **F-Dur > d-moll**

b)   Spielen Sie einfache Akkordfolgen wie:
C - Am - F - G - G7 - C   oder   **F - Dm - C - C7 - F**
damit der Schüler auch die Klänge im Zusammenhang wahrnehmen kann.
Experimentieren Sie unbedingt damit ein wenig.

2.   Erarbeiten Sie in 2 - 3 Stunden die Lieder "Far, far away" und "Auld Lang Syne". Beim Letzteren erarbeiten Sie abschnittweise zunächst die Erklärungen über dem Stück auf Seite 14.

3.   Wiederholen Sie mit den Schülern gemeinsam den Lerninhalt des kompletten ersten Abschnittes.

1.   Bei dem Topic "Versetzungszeichen" vermeiden Sie unbedingt die falsche Bezeichnung "halbe Töne".
Gehen Sie vielmehr wiederholt auf Halb- und Ganztonschritte ein.

Geben Sie den Schülern Zeit die Veränderungen, die durch ein Kreuz oder Be erzeugt werden, selbst auszuprobieren.

Arbeiten Sie dazu an der Tafel. Lassen Sie den/die Schüler Noten mit vorangestellten Versetzungszeichen anzeichnen und den dann neu entstandenen Notennamen daneben bzw. darunter schreiben.

2. Erarbeiten Sie das Lied "Let´s rock around". Üben Sie zunächst einfache Oktavsprünge. Spielen Sie z. Bsp. im Ensemble die Tonleiter abwärts in Oktavsprüngen nur mit kleinem Finger und Daumen:
c3 > c2, **h2 > h1**, **a2 > a1** und so weiter.

Danach erarbeiten Sie in kleinen Abschnitten zunächst den Improvisationsteil nach dem Wiederholungszeichen und gehen dann auf das ganze Stück ein.

3. Erarbeiten Sie das Lied "Sunshine is coming".
Achten Sie bei ALLEN Liedern darauf, dass für die Melodievorträge auch wirklich unterschiedliche Klangregistrierungen benutzt werden.

Wichtig - vor allem im Gruppenunterricht - ist es, wenn auf den Instrumenten verschiedene Klänge eingesetzt werden.
Lassen Sie die Schüler das ihrer Meinung nach passende Melodie-Instrument zum jeweiligen Lied finden.

Motivieren Sie jeden Schüler mit den Sound-Möglichkeiten des Keyboards zu experimentieren.
Besonders im Ensemblespiel können bei unterschiedlicher Registrierung aller Instrumente beeindruckende Klangerlebnisse erzielt werden.
Vergessen Sie aber nicht, dass Ihr Instrument einen Klang hat, der eine gewisse unterstützende und manchmal auch führende Rolle übernehmen kann.

Stufe 2   Kapitel 5

Für das gesamte Kapitel 5 sollten Sie sich mindestens 4 Unterrichtsstunden, also einen guten Monat Zeit nehmen. Der Schwierigkeitsgrad des zu erarbeitenden Liedgutes ist gestiegen.
Eine Faustregel sagt:
Man benötigt ca. 9 - 12 Monate je Lehrheft bei Jugendlichen und Erwachsenen und ca. 9 Monate bis 1,5 Jahre bei jüngeren Kindern.
Gönnen Sie Ihren Schülern diese Zeit für die individuelle Entwicklung. Setzen Sie neben unseren Lehrheften weiteres Liedgut ein, welches dem jeweiligen Stand des aktuellen Lernzieles entspricht. Ausreichend Literatur ist auf dem Fachmarkt erhältlich.

1. Erarbeiten Sie den D7 Akkord nach unseren Vorgaben im Lehrheft auf Seite 20.

2. Gehen Sie ausführlich auf die musikalischen Anweisungen ein und erarbeiten Sie nach und nach die dann folgenden Lieder.

Antwort zu 1:   Es sind die Finger: **5**, **2**, **1**, auf den Tasten **a**, **d**, **f**.

Antwort zu 2:   Es sind die Finger: **5**, **3**, **1**, auf den Tasten **a**, **c**, **e**.

Antwort zu 3:   Es sind: **h2** und **c3**

Antwort zu 4:   **Kreuz, Be, Auflösungszeichen**

Antwort zu 5:   a)   Dieses Zeichen nennt man eine **Fermate**.

                                               b)   Die Fermate ist in der Musik ein "Ruhezeichen".
Der ursprüngliche Notenwert wird bis zum doppelten Wert verlängert.

Antwort zu 6:   Es sind die Finger: **5**, **2**, **1**, auf den Tasten **fis**, **c**, **d**.

Antwort zu 7:   **Coda** (Kreuzkopf), **Dal Segno**

Antwort zu 8:   D.C. = Da capo = "**Vom Beginn**"

1. Erarbeiten Sie den E7 Akkord wie auf Seite 27 beschrieben.

2. Nehmen Sie sich viel Zeit bei der Erklärung und der Demonstration der parallelen Moll-Tonleitern. Geben Sie den Schülern Beispiele für die Funktion des "Leittons".

3. Erklären Sie den Schülern die Oktavaufteilungsbezeichnungen unter der Tastaturabbildung und den Begriff "**8va**".
Erarbeiten Sie dann die beiden Lieder "Romance" und "Waltzing Matilda" in etwa 3 Unterrichtsstunden. Auch hier sollten Sie die Schüler wieder in 2 Gruppen aufteilen.
Die eine Gruppe spielt die Melodie, die andere die Begleitakkorde und dann umgekehrt. Im Einzelunterricht übernehmen Sie zunächst die Begleitung und danach Ihr Schüler.

Ermuntern Sie Ihre Schüler eigene kleine Melodien zu erfinden. Bauen Sie dieses Thema langsam auf zum Beispiel mit dem musikalischen "Frage- und Antwortspiel". Beispiele:

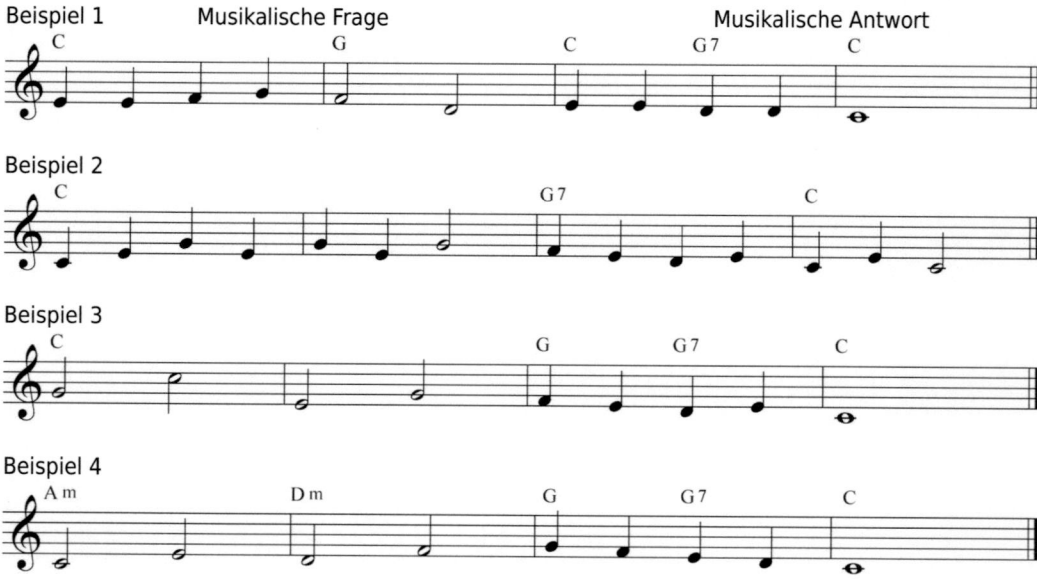

Spielen Sie mit einem ruhigen Rhythmus (Tempo ca. 100 - 120 bpm) einige Akkordfolgen und singen Sie hintereinander mehrere 2-Taktige "musikalische Fragen". Hierbei motivieren Sie die Schüler einzeln eine "musikalische Antwort" zu singen.

Es liegt an Ihnen, diesen Part so abwechslungsreich wie möglich zu gestalten. Bei den von Ihnen gestellten "musikalischen 2-taktigen Fragen" können Sie davon ausgehen, dass der Schüler in der Regel die von Ihnen vorgegebenen Notenwerte und auch eine evtl. Phrasierung in seine "musikalische Antwort" übernimmt.

1. Erarbeiten Sie die Seiten 32 und 33 und teilen Sie diesen Abschnitt sinnvollerweise auf in 2 oder 3 Stunden.

2. Vertiefen Sie auf Seite 34 das Thema "Vortragsbezeichnungen - Lautstärken". Geben Sie den Schülern mehrere Liedbeispiele, damit das dynamische Spielen vertraut wird. Schüler, die kein Volume-Pedal am Keyboard besitzen, sollten motiviert werden den dynamischen Vortrag mittels der Anschlagdynamik des Keyboards zu realisieren.

3. Erarbeiten Sie das Ensemblespiel "Aus der neuen Welt".
Erklären Sie den Sinn der Fingerkraftübungen und gehen Sie mit den Schülern je Woche etwa 2 Reihen der Übungen durch.

Test 3 auf Seite 39

Antwort zu 1:	Man spricht von ihrer **Paralleltonart**	
Antwort zu 2:	Es ist die **kleine** Terz und die **große** Terz.	
Antwort zu 3:	Das **kleine h** und das **kleine c**	
Antwort zu 4:	p	Ich spiele:	leise
	f	Ich spiele:	laut
	mp	Ich spiele:	mittelleise
	mf	Ich spiele:	mittellaut
	pp	Ich spiele:	sehr leise
	ff	Ich spiele:	sehr laut
Antwort zu 5:	a)	Es wird langsam lauter	
	b)	Es wird langsam leiser	

Abschließend wiederholen Sie noch einmal gemeinsam den Lehrstoff des dritten Abschnittes.

1.   Erarbeiten Sie den A7 Akkord und die G-Dur Tonleiter wie auf Seite 41 beschrieben.

2.   Bereiten Sie das Lied "Abenddämmerung" in kleinen Übungsabschnitten vor.

          Achten Sie hierbei auf die Anmerkungen im Lied bzgl. der Fingerwechsel etc.

3.   Das Lied "Prelude" stellt für das Ensemblespiel schon eine gewisse
          Herausforderung dar und eignet sich auch hervorragend für ein Schülervorspiel
          in der Schule.

          Verteilen Sie die 3 Stimmen auf die Schüler dem jeweiligen aktuellen
          Leistungsstand entsprechend.
          Nach dem Erreichen einer gewissen Grundsicherheit verteilen Sie die Stimmen
          neu.

4.   Erarbeiten Sie das Lied "Little Rose" und achten Sie auf die zahlreichen Hinweise
          zum Fingersatz.

1.   Übungen zum Notenlesen und Notenschreiben:
       Bevor Sie diese im Heft auf Seite 46 und 47 mit den Schülern durcharbeiten,
       sollten Sie einige Übungen erst einmal an der Tafel durchführen.

       Geben Sie Noten vor und lassen Sie diese vom Schüler an der Tafel eintragen.
       Erst bei wirklicher Notensicherheit der Schüler erarbeiten Sie diese Abschnitte
       im Heft.

2.   Harmonisieren
       Greifen Sie unterstützend ein wenn Sie merken, dass die Schüler zu viel Zeit
       benötigen um die richtigen Akkorde zu finden.
       Erläutern Sie wie man den passenden Akkord finden kann.

       Beispiel:
       Wenn in einem Takt die Mehrzahl der Melodietöne identisch ist mit den Tönen
       aus dem C-Akkord, dann kann dieser auch eingesetzt werden.

Versuchen Sie dies anhand mehrerer Beispiele und lassen Sie den Schüler die passenden Töne finden.

Achten Sie hierbei auf die Rückführungen der 7-er Akkorde und/oder deren Weiterleitungsfunktionen, damit die Harmonisierung auch korrekt erfolgt.

3.   Das Vervollständigen der Melodie bereiten Sie nach dem "Frage- und Antwortspiel" vor.

4.   Das Harmonisieren einer Tonleiter erarbeiten Sie mit den im Heft auf Seite 48 vorgegebenen Akkorden. Die Schüler <u>müssen</u> die Akkorde eintragen.

5.   Klatschen Sie im Abschnitt 6 auf Seite 48 die von Ihnen vorbereiteten Rhythmusmuster vor oder spielen Sie diese auf einer Taste.

Lassen Sie den Schülern Zeit beim differenzierten Unterscheiden und Hören/Erkennen der Viertel- und Achtelnoten.

6.   Erarbeiten Sie auf Seite 49 zunächst die komplette Melodie und beginnen Sie danach erst mit der Harmonisierung.

Übungsbeispiele Rhythmushören für den Unterricht

Nachfolgend geben wir Ihnen auf der nächsten Seite einige 2-taktige Beispiele für die Vor- und Nachklatschübungen in verschiedenen Taktarten und mit unterschiedlichen Notenwerten.

Klatschen oder spielen Sie immer 2-taktig vor und lassen Sie die Schüler dann nachklatschen.

8 Beispiele im 4-Viertel-Takt

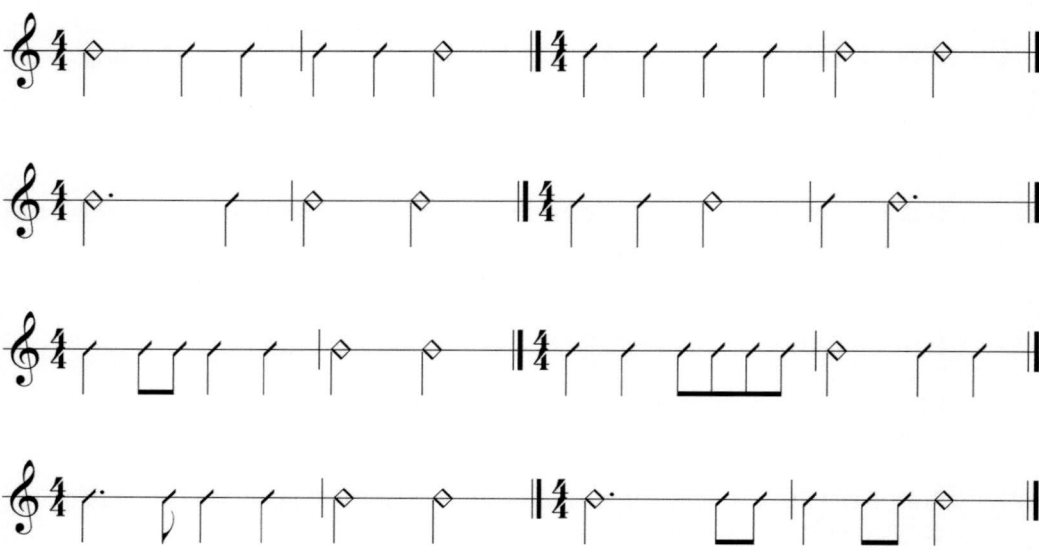

8 Beispiele im 3-Viertel-Takt

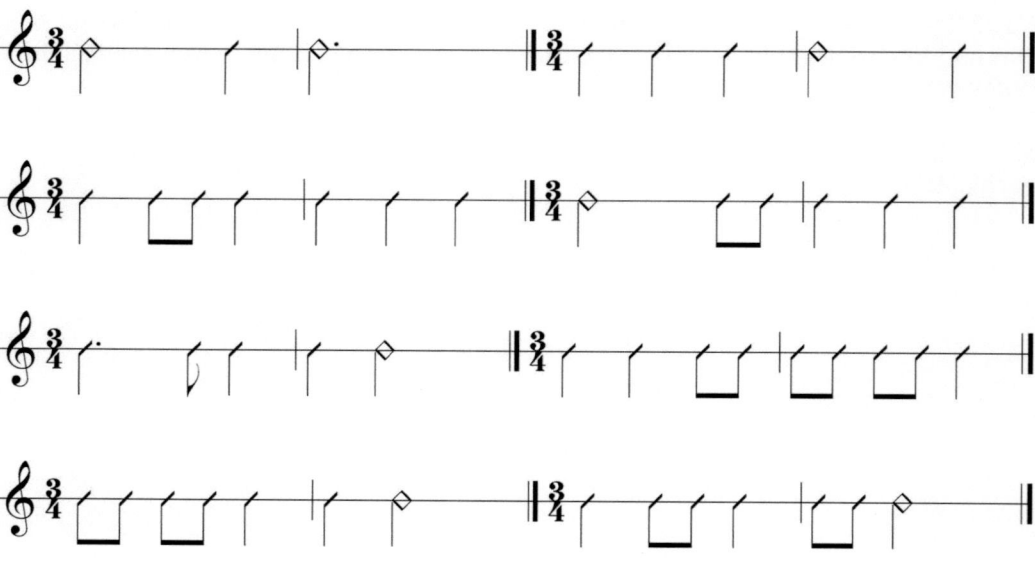

Elementarstoff:

- Erweitertes Arbeiten mit Synkopen
- Infos zum Aufbau der Moll-Tonleitern
- Finden der parallelen Moll-Tonarten
- Aufbau eines eigenen Liedes
- Haupt- und Nebenakkorde
- Harmonisierung
- Neue Tonarten: F-Dur, D-Dur, Transponieren
- Kindgerechte Einführung in den Quintenzirkel
- Chromatische Tonleiter, Glissando
- Dreiklangumkehrungen
- 3 neue Akkorde: Bb-Dur, F7, D-Dur
- 14 neue Lieder

Auszug aus dem Klappentext:

Mit neuen didaktischen Modellen werden Kinder ab einem Alter von etwa 7 oder 8 Jahren in behutsamen Schritten an das Keyboardspielen herangeführt.

Die Stufe 3 baut unmittelbar auf der Stufe 2 auf.

Durch die Definition der "Kleinen- und Großen Oktave", sowie der Erweiterung des Tonumfanges bis zum "kleinen g" wird es möglich, ein umfangreiches neues Liedgut von 14 Liedern (inkl. 4 Lieder für das Ensemblespiel) zu erarbeiten.

Neben der Vermittlung der elementaren Grundkenntnisse wird wieder Wert gelegt auf eine ausgefeilte Gehörbildung und ein bis zu 3-stimmiges Ensemblespiel.

Eine kindgerechte Einführung in den Quintenzirkel ermöglicht das einfache Harmonisieren eines eigenen Liedes.

1. Greifen Sie hier noch einmal detailliert das Thema "Synkope" auf.
In den auf Seite 4 dargestellten Beispielen überprüfen Sie mit den Kindern noch einmal das Zählen und weisen auf die Akzentverschiebungen hin.

Es ist sinnvoll, diese Übungen auch mit laufendem Rhythmusgerät zu erarbeiten. Die Kinder werden durch die Konstanten der gleichmäßig laufenden Schlagzeugsounds sicherer. Erarbeiten Sie dann das Lied "Down by the riverside" auf Seite 5.

2. Erarbeiten Sie das Lied "Beautiful Morning" auf Seite 6.
Lassen Sie die Schüler einzeln einmal mit dem Finger innerhalb des Liedes auf die Synkopen zeigen.
Erarbeiten Sie dann mit dem Schüler die rechte Hand und achten Sie auf die entsprechend im Lied gekennzeichneten Fingersatzveränderungen.

3. Bereiten Sie den Schüler/die Schüler auf das 2-stimmige Ensemblespiel "Bourrée" vor. Im Gruppenunterricht teilen Sie die Gruppe auf in 2 Parteien.

In der ersten Woche erarbeitet jede Gruppe die ihr zugewiesene Stimme.
In der 2. Woche wechseln Sie die Stimmen, so dass jeder Schüler einmal beide Stimmen erlernt hat.
Hiernach sprechen Sie über die Registrierung und erarbeiten das Ensemblespiel.

| **Stufe 3** | **Kapitel 2** |

1. Vermitteln Sie anhand der auf Seite 9 und 10 dargestellten Beispiele den Schülern einen detaillierten Einblick in den Aufbau von Dur- und Moll-Tonleitern. Beschränken Sie sich auf das in diesem Kapitel gedruckte Hintergrundwissen, da im Folgeheft ausführlich noch auf dieses Thema eingegangen wird.

Lassen Sie den/die Schüler eine der 3 Moll-Tonleitern (natürlich, harmonisch oder melodisch) an die Tafel zeichnen.
Gehen Sie im Unterricht noch einmal auf die Wichtigkeit des "Leittons" ein.

2. Erarbeiten Sie nun auf Seite 11 die beiden Lieder " Scarborough Fair" und "Aura Lee". Sie benötigen in der Regel für das Kapitel 2 mindestens 2 Unterrichtsstunden.

In Stufe 2 wurde bereits auf dieses Thema "ansatzweise" eingegangen. Nun aber soll der Schüler ein komplettes eigenes kleines Lied schreiben.

1. Zunächst sollte die Seite 13 kopiert werden. Dann können im Unterricht auch einige Versuche eingetragen werden, bzw. der Schüler kann auch zuhause ein wenig experimentieren.

2. Weisen Sie auf den Liedaufbau hin: **INTRO - VERSE - CHORUS -ENDING**

3. Lassen Sie sich im Unterricht vom Schüler anhand kleiner Beispiele die Vortragsbezeichnungen "hörbar" definieren.

4. Gehen Sie auf die bisher bekannten Überleitungsakkorde ein:
G7 - C7 - D7 - A7 - E7

Lassen Sie sich erklären, zu welchen Akkorden sie hinleiten bzw. zurückführen. Lassen Sie den Schüler die Verbindungen vorspielen.

5. Sprechen Sie den gewünschten Lied-Charakter/Ausdruck an. Dur - moll.

6. Schreiben Sie kleine Melodien an die Tafel und erarbeiten Sie mit dem Schüler eine gut klingende Akkordumgebung.

7. Geben Sie Hilfestellungen: Finden Sie gemeinsam heraus, welche Töne in jedem Takt zu welchem Akkord passen. Sprechen Sie das Mehrheitsprinzip an.

Beispiel:
Sind in einem Akkord 6 Noten, 4 aber passen eher zu **C** und die anderen 2 zu **F** (weil sie mehrheitlich in den Akkord-Tönen enthalten sind), wählen Sie **C**.

Sollten bei einer solchen Analyse aber der/die Schüler und Sie feststellen, es könnte auch ein paralleler Mollakkord eingesetzt werden, lassen Sie den/die Schüler gefühlsmäßig die Wahl treffen.

Erst wenn das gesamte Lied abgeschlossen ist gehen Sie noch einmal auf die Takte ein, bei denen in der Harmonisierung Zweifel zwischen Dur und moll Akkorden entstanden sind.

8. Weisen Sie im Unterricht auch hin auf die Hilfestellungen auf Seite 14.

Test 1 auf Seite 15

Antwort zu 1:

Antwort zu 2:   **A** = natürlich   **B** = harmonisch   **C** = melodisch

Gehörbildung:

1.Reihe: C   G7   C   C7   F   G   G7   C   F   C

2. Reihe: E7   Am   Dm   E7   Am   A7   Dm   E7   Am   A7

Stufe 3   Kapitel 4

---

1.   Greifen Sie zu Beginn noch einmal die Erklärung der Halbtonschritte innerhalb der Dur-Tonleiter auf. Verweisen Sie auf das ja schon vorhandene Wissen anhand früherer Beispiele mit der C-Dur Tonleiter.

2.   Erarbeiten Sie jetzt wie auf Seite 17 dargestellt die Tonleitern F-Dur und D-Dur.

3.   Üben Sie mit dem Schüler/den Schülern einzeln die beiden neuen Akkorde Bb und F7 ein. Wenn das Umgreifen auf Ihren Zuruf hin problemlos und sicher funktioniert, lassen Sie die Schüler eine Akkordfolge spielen, die Sie als Lehrer zuhause schon vorbereitet haben sollten.

4.   Erarbeiten Sie auf Seite 19 das Lied "Banks of the Sacramento".
Weisen Sie hierbei auf die Fingersatzveränderungen innerhalb des Stückes hin.

Manchmal hilft es, wenn Sie das Lied zunächst mit den Schülern gemeinsam singen. Umso einfacher wird es für den Schüler, die gesungene Melodie-Rhythmik nachher auf das Spielen zu übertragen.

5.   Erarbeiten Sie gemeinsam den D-Akkord.

6.   Erarbeiten Sie das Lied "CoCo-ChaCha".

1. Wir gehen davon aus, dass Sie als Lehrkraft ausreichendes Hintergrundfachwissen zu dem Thema Quintenzirkel besitzen.

   Lesen Sie sich für die entsprechende Unterrichtsstunde noch einmal die Seiten 22 und 23 durch und erarbeiten Sie im Unterricht die von uns gedruckten Grundkenntnisse zum Quintenzirkel.

   Weiterführende und detaillierte Einblicke zu diesem Thema erhält der Schüler im Folgeheft.

2. Erinnern Sie im Unterricht den Schüler/die Schüler noch einmal an die Bezeichnung "Dal Segno". Lassen Sie sich vom Schüler die Bedeutung dieser Bezeichnung definieren.

3. Erarbeiten Sie nun gemeinsam auf Seite 24 das Lied "Swing Low, Sweet Chariot".

Kapitel 6 | Stufe 3

1. Definieren Sie detailliert im Unterricht den Begriff "Transponieren".
   Spielen Sie den Schülern anhand kleiner, leicht nachvollziehbarer Melodien, die Transponierfunktion vor.

2. Erarbeiten Sie jetzt im Unterricht unser Beispiel auf Seite 25 unten und danach auf Seite 26 das Lied: "Swanee-River-Rock".

Test 2 auf Seite 27

Antwort zu 1:

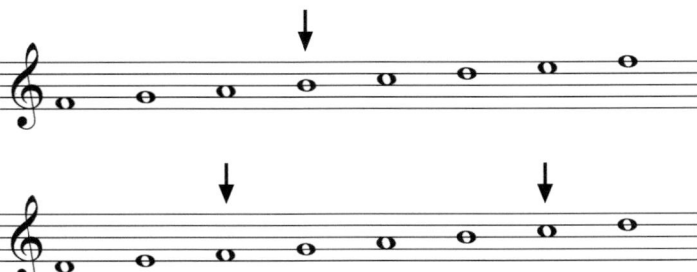

Antwort zu 3:	**5 3 1** und **f be d**
Antwort zu 4:	**5 3 1** und **f a es**
Antwort zu 5:	**5 2 1** und **a d fis**
Antwort zu 6:	Im äußeren Kreis finde ich die **Dur** Tonarten und im inneren Kreis finde ich die **Moll** Tonarten

Gehörbildung: F7   Bb   F   Bb   C7   F   F7   Bb   C7   F

Stufe 3   Kapitel 7

1. Bevor Sie im Unterricht auf das Thema "16tel Noten und Pausen" eingehen, sollten Sie auf jeden Fall noch einmal das genaue Zählen mit 8tel Noten in Erinnerung rufen.

Klatschen Sie diverse Beispiele vor und lassen Sie diese nachklatschen. Wählen Sie für das Einhalten eines gleichmäßigen Tempos einen mitlaufenden ruhigen Disco-Rhythmus im Tempo 110 - 120 bpm.

2. Jetzt erklären Sie die Wertaufteilung der 16tel Noten anhand unserer Beispiele auf Seite 29 und erarbeiten das Zählen.

3. Erklären Sie die Oktav-Aufteilung an Ihrem Keyboard. Es ist manchmal eindrucksvoll wie Schüler neue Themen aufnehmen, wenn sie sich um Sie, den Lehrer, herum versammeln um neuen Lehrstoff am Lehrerkeyboard erklärt zu bekommen.

Es entsteht in der Regel eine rege Kommunikation - Sie arbeiten mit den Schülern auf "Tuchfühlung" und hierdurch entsteht eine freundschaftliche Atmosphäre im Unterrichtsraum.

4. Weisen Sie auf die neuen Töne (siehe Seite 30 unten) hin: **kleines g, a und h** sowie **d3**.

5. Bereiten Sie sich daheim auf das Ensemblespiel "Kindersinfonie" vor. Legen Sie schon vor dem Unterricht fest, welcher Schüler welche Stimme spielen soll. Dies entscheiden Sie je nach Leistungsstand des Schülers.

Unterschätzen Sie nicht die 3. Stimme des Stückes.
Sie wirkt sehr leicht durch die vielen gleichen Noten/Töne.

Das Spielen erfordert aber eine sehr hohe Aufmerksamkeit, da das konstante Zählen hier für ein gut funktionierendes Ensemblespiel wirklich wichtig ist.

Lassen Sie anfangs einen Rhythmus im vorgegebenen Tempo mitlaufen. Das Lernziel aber sollte ein Ensemblespiel ohne begleitendes "Metronom" sein.

6. Erarbeiten Sie nach dem gleichen Schema das Lied "Menuett" auf Seite 34. Lassen Sie sich für beide Lieder mindestens 3 - 4 Unterrichtsstunden Zeit.

Teilen Sie die Lieder in kleine Abschnitte/Übungsteile auf.
Sobald Sie eine konstante Spielsicherheit feststellen, bauen Sie die erlernten Abschnitte mit den Schülern zu einem Ganzen zusammen.

Kapitel 8   Stufe 3

Den Lehrstoff "Chromatische Tonleiter" sollten Sie in einer Unterrichtsstunde vermittelt haben.
Erarbeiten Sie dann zusammen das Lied "Chroma-Bossa".
Es ist eine sogenannte "Light Version". Im Folgeheft ist die wesentlich komplexere und schwierigere Version ausnotiert.

Gehen Sie mit dem Schüler/den Schülern den speziellen Fingersatz der Chromatischen Tonleiter an. Erarbeiten Sie abschließend das Spielen dieser Tonleiter über mindestens 2 Oktaven, auf- und abwärts.
Stellen Sie beim Schüler ein sicheres Spielen fest, sollte die Tonleiter auch mit beiden Händen parallel gespielt werden und abschließend mit jeder Hand einzeln auch über 3 oder 4 Oktaven.

Test 3 auf Seite 39

Die Antworten zu 1 und 2 sind selbsterklärend.

Gehörbildung:
Akkorde hören: C   Am   Dm   Am   C   Dm   C   Am

Intervalle hören: Sekunde   Terz   Sekunde   Quarte   Terz
                       Sekunde   Quarte   Terz

1. Erarbeiten Sie das Glissando.
Weisen Sie auf die Stützfunktion des Mittelfingers hin und demonstrieren Sie mehrere Glissandi.
Am einfachsten ist es, Sie ziehen verschiedene bekannte Lieder aus der allgemein erhältlichen Literatur hinzu, um auf diesem Weg den Schülern die Funktion des Glissandos zu demonstrieren.

Lassen Sie den Schüler selbst zunächst mit Zeige- und Mittelfinger über die Tasten gleiten, auch ruhig mal über 2 Oktaven. Er muss das Gefühl für ein gleichmäßiges "Gleiten" erst einmal entwickeln.

2. Bevor Sie mit dem Lied "Herbstpolka" starten ist es sinnvoll mit den Schülern die Takte, wie auf Seite 43 beschrieben, zu erarbeiten.

3. Gehen Sie bitte detailliert auf das Thema Dreiklang-Umkehrungen, wie auf Seite 44 beschrieben, ein.
Im Moment ist es völlig ausreichend, dass der Schüler "nur" die Begriffe Grundstellung, sowie 1. und 2. Umkehrung kennt.
Das Thema wird vertieft im Folgeheft.

1. Bereiten Sie anhand der im MP3 Paket beiliegenden Playbackspuren das Ensemblespiel des Lieds "Romanze" vor. Gehen Sie jede Stimme durch. Sie sollten jede Stimme auch einzeln bei Bedarf vorspielen können.

2. Erzählen Sie ein wenig über W. A. Mozart, seine Werke, sein Leben, spielen Sie im Unterricht mal das ein oder andere Stück von einer CD vor.

3. Erklären Sie dem Schüler/den Schülern das Spielen der Einzelstimmen mit dynamischen Lautstärken. Zeigen Sie an Ihrem Keyboard, wie man mit der linken Hand am Volume-Regler des Keyboards die Lautstärke verändert, während man mit der rechten Hand die zugewiesene Stimme spielt.

4. Erklären Sie den Violinschlüssel mit der Oktavierungsfunktion und erarbeiten Sie dann das Ensemblespiel.

AKKORD-ÜBERBLICK

Die 5 Akkorde aus	Die 5 Akkorde aus	Die 3 Akkorde aus
Stufe 1	**Stufe 2**	**Stufe 3**

C-Dur
2. Umkehrung

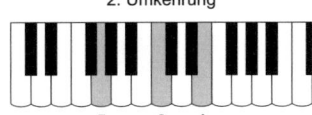

D-moll
2. Umkehrung

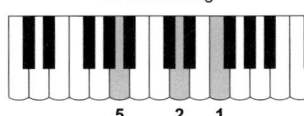

D-Dur
2. Umkehrung

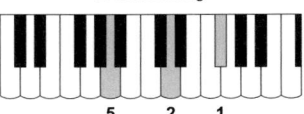

G-Dur
Grundstellung

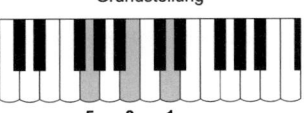

A-moll
Grundstellung

Bb-Dur
2. Umkehrung

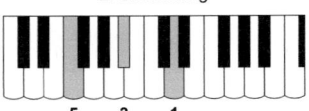

G7
Grundstellung

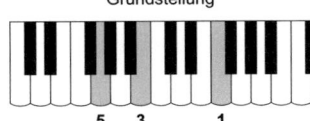

D7
1. Umkehrung

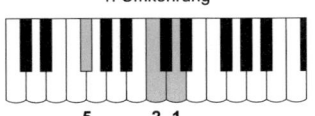

F7
Grundstellung

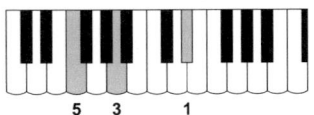

F-Dur
1. Umkehrung

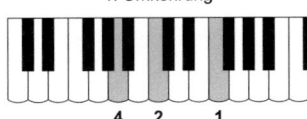

E7
1. Umkehrung

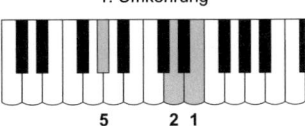

C7
2. Umkehrung

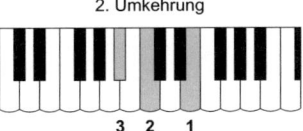

A7
Grundstellung

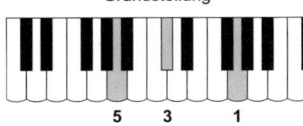

Anmerkung:

Das Ihnen vorliegende Lehrerbegleitmaterial zu unseren Keyboard-Lehrheften ist von uns mehrfach bzgl. seiner Anwendung im Unterrichtseinsatz geprüft worden.

In regelmäßigen Abständen bieten wir für Lehrkräfte Fortbildungsseminare - auch für das Klassenmusizieren - an. Alle Termine hierzu werden im Internet unter

www.Keyboardlernen.de

veröffentlicht.

Ihr Peter Grosche

Für die Motivation der Kinder ist es wichtig, jedem Kind nach Abschluss eines Lehrheftes eine Urkunde auszustellen.
Alle Urkunden-Vorlagen, wahlweise in Farbe oder Graustufen, können Sie in unserem passwortgeschützten Shop für Musikschulen, Schulen, Volkshochschulen und Lehrer(innen) kostenfrei downloaden. Alle Informationen hierzu finden Sie unter:

http://www.Keyboardlernen.de

Das rechts abgebildete Lehrheft ist nun das Folgeheft für alle Kinder, welche die Stufe "Der erste Weg zum Keyboardspiel - Stufe 3" abgeschlossen haben.

**Der richtige Weg zum Keyboardspielen
Stufe 3**

ISBN: 978-3-8391-6231-6

Dieses Heft ist im Musikalien-Fachhandel und auch in einem der mehr als 1000 Online Buch-Shops erhältlich. Alle Informationen zu unseren Keyboard-Lehrheften finden Sie im Internet bei:

www.Keyboardlernen.de + www.Keyri.de

Übersicht über die Parallel-Serie - für Kinder, Jugendliche und Erwachsene.

Der richtige Weg zum Keyboardspielen: Stufe 1
für Kinder ab 8 - 9 Jahre, Jugendliche und Erwachsene

Das Einstiegs-Keyboardlehrbuch dient als Einführung in das
Keyboardspiel und beinhaltet das gleiche Lernziel wie die
Stufe 1 für Kinder.

Ausführliche Erklärungen und zahlreiche Grafiken
ermöglichen den schnellen Einstieg in die Welt des
Keyboardspielens.

ISBN: 978-3-8391-2711-7

Der richtige Weg zum Keyboardspielen: Stufe 2
für Kinder ab 8 - 9 Jahre, Jugendliche und Erwachsene

Diese Stufe ist die Weiterführung von Stufe 1 und beinhaltet
den gleichen Lehrstoff wie die Stufe 2 für Kinder, aber in
altersgerechter Ansprache.

Ab Stufe 2 können die Kinder mit den Jugendlichen und
Erwachsenen gemeinsam problemlos in die Stufe 3
einsteigen.

ISBN: 978-3-8391-3400-9

Der richtige Weg zum Keyboardspielen: Stufe 3
für Kinder ab 9 - 10 Jahre, Jugendliche und Erwachsene

Dies ist die gemeinsame Fortführung der abgeschlossen
Stufe 3 der Kinderserie und Stufe 2 der Jugend- und
Erwachsenenserie und vermittelt erweiterte
musiktheoretische Kenntnisse.

Die Erarbeitung neuer Spieltechniken anhand 13 neuer
Lieder steht im Vordergrund.

ISBN: 978-3-8391-6231-6

Übersicht über die Parallel-Serie - für Kinder, Jugendliche und Erwachsene.

Der richtige Weg zum Keyboardspielen: Stufe 4
für Kinder ab 10 - 11 Jahre, Jugendliche und Erwachsene

Schwerpunkte in diesem Heft sind neben dem Aufbau einer verfeinerten Spieltechnik:

- Vortragstechniken, neue Tonleitern
- Quintenzirkel detailliert
- Zweistimmige Melodien in der rechten Hand
- Einführung in die Improvisationstechnik

ISBN: 978-3-8391-6305-4

Der richtige Weg zum Keyboardspielen: Stufe 5
für Kinder ab 10 - 12 Jahre, Jugendliche und Erwachsene

Das Erarbeiten verschiedener Spieltechniken in den Bereichen Unterhaltungsmusik, Blues, Rock und Pop (inkl. Solovortrag und Ensemblespiel) ist in Verbindung mit der Vermittlung weiterer musiktheoretischer Kenntnisse das Lernziel dieses Heftes.

ISBN: 978-3-8391-6654-3

Der richtige Weg zum Keyboardspielen: Stufe 6
für Kinder ab 12 - 13 Jahre, Jugendliche und Erwachsene

Schwerpunkte dieses Heftes:
- Mittleres bis schweres Liedgut
- Arrangement und Vortrag
- Ensemblespiel: Klassik bis Pop
- Registrierungstechniken
- Midi und Digitalaudio
- Programmierung von Rhythmus- und Begleitspuren

ISBN: 978-3-8391-7206-3